DISSERTATION

SUR UN ANCIEN

ÉDIFICE

SITUÉ

A DÉSAIGNES, en Vivarais, au Diocèse de VALENCE, & nommé vulgairement le TEMPLE DE DIANE.

Adressée à M. de L***.

PAR M. D. B. D. A.

Si quid novisti rectius istis,
Candidus imperti, si non his utere mecum.
Horat. Lib. 1. Epist. 6.

A PARIS,

Chez les Marchands de Nouveautés.

1788.

DISSERTATION

SUR UN ANCIEN

ÉDIFICE.

C'Est en se communiquant mutuellement ses découvertes &
même ses simples conjectures, Monsieur & très-cher Confrere,
que l'on peut le plus sûrement parvenir à la connoissance de la
vérité. Permettez donc que je soumette à vos lumieres & à votre
amitié quelques idées sur un Monument presque universellement
ignoré, mais digne à tous égards de votre attention. Le Vivarais
qui le possede renferme un grand nombre d'autres Antiquités non
moins intéressantes, desquelles j'aurai l'honneur de vous entretenir par la suite : & dont la description fera partie d'un Ouvrage
plus étendu sur ce Pays long - tems oublié , mais infiniment
précieux tant par l'industrie de ses habitans & la variété de
ses productions , que par les objets nombreux qu'il offre sans
cesse aux recherches du Naturaliste & de l'Antiquaire. Plusieurs Savans laborieux & profonds l'ont parcouru , il y a
peu d'années , avec beaucoup de fruit ; & en ont fait le sujet
de plusieurs ouvrages estimables : leurs travaux n'ont rien de
commun avec mes essais , ils ont considéré le Vivarais sous

A 2

un autre point de vue que moi ; & ſi je n'ai pas l'eſpérance
de pouvoir leur être comparé, j'ai du moins la certitude de
dire, même après eux, des choſes nouvelles. Quoi qu'il en
ſoit, Monſieur, j'ai cru que la notice des hommes célebres
que ce pays a produits, (a) les mœurs de ſes anciens habitans, la deſcription de ſes Villes, le tableau même de ſes
ſites les plus pittoreſques, l'hiſtoire de ſes premiers tems,
celle de ſes grandes maiſons, celle ſur-tout, trop peu cón-
nue juſques ici, des guerres civiles dont il a été le théatre,
de ces guerres que la religion fit naître & que la Philoſo-
phie abhorre, &c. étoient autant d'objets dignes des regards
d'un Obſervateur, & j'en ai fait celui de mes études & de
mes recherches. Heureux du moins d'en obtenir l'avantage
de prouver au pays qui m'a donné le jour tout l'empreſſément
que je mets à lui conſacrer mes travaux & la ſatisfaction de
vous donner des témoignages publics de mon attachement &
de mon eſtime.

L'Ancien Edifice auquel cette premierre Diſſertation eſt deſti-
née eſt placé, Monſieur, dans la petite ville de Déſaignes, en
Vivarais, dans le diocèſe de Valence. Il eſt remarquable à
la fois par ſa grandeur & par ſon ancienneté ; la forme en
eſt quarrée, comme celle de la plupart des Temples Romains.
Il eſt plus long que large ; ſa longueur hors d'œuvre eſt de
douze toiſes, ſa largeur de quatre & demie & ſa hauteur de
dix à onze. Il eſt terminé par une voûte à berceau à plein
ceintre, ſans aucune ſorte de cordon, il y a dans l'intérieur
de l'Edifice une autre voûte qui occupe toute ſa largeur
& ſeulement le tiers de ſa longueur : elle eſt élevée de quatre toiſes ſur le ſol du rez-de-chauſſée, elle eſt à berceau &
à plein ceintre comme la voûte ſupérieure ; & forme dans
l'Edifice comme le commencement d'un étage intermédiaire,
ou plutôt comme une grande tribune, reſſemblant aſſez au
théatre de nos Salles de Spectacles actuelles. Il y avoit tout
autour de l'Edifice dans ſon intérieur, & à la hauteur de la
voûte intermédiaire dont je viens de parler, une ſuite de
grandes pierres ſortant du mur avec cinq pieds de ſaillie.
On en voit encore un très-grand nombre ; elles paroiſſent
avoir été employées, ſoit à ſupporter un plancher, qui au-

(a) C'eſt à Annonai l'une des principales villes du Vivarais, que les
Aëroſtats ont été inventés : & que les premieres expériences Aëroſtati-
ques ont été faites en préſence des Etats Particuliers du pays, le ſe.
Juin 178ʒ. Cette découverte étonnante eſt due, comme l'on ſait, à
M. M. Mongolfier, déja célebres par leurs connoiſſances profondes en
Méchanique & en Phyſique, & aux ſoins éclairés deſquels on doit le
plus beau Papier de France.

(5)

roit achevé de divifer l'Edifice en deux étages , foit plutôt à former une forte de galerie, deftinée à placer des Muficiens ou des Spectateurs & reffemblant parfaitement aux tribunes de nos Eglifes.

Du côté du midi; & au milieu de l'un des petits côtés de l'Edifice, fur la tribune voûtée , eft une forte de cheminée faillante en demi cercle; & dont le tuyau forme un cône aigu, à moitié enfoncé dans le mur , & à moitié faillant. Il paroît y avoir eu fur fon foyer une forte d'autel , qui en a été arraché ; & qui étoit entouré d'une petite muraille de brique , qui l'attachoit au mur principal & de laquelle il refte encore quelques fragmens. Il n'y a point de Jambages à la cheminée ; & la partie faillante porte à faux : il n'y a pas non plus de corniche ; mais on voit à la place qu'occupent parmi nous les *Chambranles* , une frife d'affez bon goût. Le grand diametre de la cheminée eft de trois pieds ; elle eft élevée de trois pieds fur le fol de la grande tribune ou théatre ; le tuyau s'éleve perpendiculairement jufques au fommet de l'Edifice dont il perce la voûte fupérieure.

Il y a de chaque côté de la cheminée, & à une égale diftance d'elle , une fenêtre placée à hauteur d'appui , laquelle a deux pieds de hauteur fur fix pouces de largeur. Une rainure affez profonde que l'on voit dans la pierre autour de ces deux fenêtres , annonce qu'elles fe fermoient à couliffes.

On voit du côté du couchant, & fur la même voûte , une grande armoire creufée dans le mur & dont le haut fe termine en arc à plein ceintre : vis-à-vis de cette armoire, & du côté du levant , toujours fur le même plan ; eft une porte carrée de fix pieds de hauteur , & de quatre & demie de largeur , par laquelle on arrivoit fur la grande tribune , au moyen d'un pont de bois , qui communiquoit à quelque autre Édifice voifin qui ne fubfifte plus & qui fans doute étoit confacré au logement des Prêtres. Cette porte eft la feule entrée de cette portion du Temple , laquelle ne communique en aucune maniere avec le rez-de-chauffée ; & fur laquelle fans doute fe faifoient les facrifices & les autres cérémonies religieufes, tandis que le rez-de-chauffée étoit occupé par le peuple. A côté de cette porte d'entrée toujours fur la même tribune , on en voit une feconde plus petite qui conduit à un efcalier (a) très-étroit, lequel eft d'une feule rampe

_____

(a) Cet efcalier très-bien confervé eft entiérement femblable pour la forme & fes proportions à divers petits efcaliers que l'on voit encore dans les *Arènes de Nifmes* , il a environ deux pieds de largeur.

A 3

& pris en entier dans l'épaiſſeur du mur : on arrive par cet eſcalier ſur le faîte de l'Edifice, où l'on trouve une eſpece de terraſſe. Le tiers de cette terraſſe, & préciſément la partie de la voûte qui couvre la tribune ou théatre que je viens de décrire, eſt occupé par une ſorte de Donjon d'environ vingt pieds d'élévation, & dont la voûte qui étoit à quatre pointes, mais ſans cordon, eſt preſque entiérement abattue. L'extrêmité de la cheminée dont j'ai déja parlé, venoit aboutir dans ce nouvel appartement : & ſi ce donjon n'a pas été ajouté dans des tems poſtérieurs, afin d'augmenter la défenſe de l'Edifice ; il faut croire que l'on plaçoit dans cette Salle ſupérieure ceux qui pour certaines expiations, devoient recevoir la fumée des victimes. Il y a dans le *Temple de la Fontaine de Niſmes*, une piece évidemment conſacrée à cet objet. (1)

Du ſommet de la terraſſe en voute qui couvre la totalité de l'Edifice & ſur laquelle eſt élevé le donjon, on peut redeſcendre dans l'intérieur du Temple par un ſecond eſcalier abſolument ſemblable au premier, lequel vient aboutir à des pierres ſaillantes ſemblables · à celles dont j'ai parlé, & intéricures comme elles ; mais ſituées en face de la grande tribune où eſt la cheminée, & plus élevées de quelques toiſes : ce ſecond eſcalier ne deſcend point juſqu'au rez-de chauſſée, il eſt à l'oppoſite de l'autre & vers le ſeptentrion.

Au - deſſous du rez-de-chauſſée, ſe trouve une cave qui occupe le tiers de la longueur de l'Edifice, & à-peu-près toute ſa largeur. Elle ~~eſt à l'extrêmité ſeptentrionale~~ : on y deſcend par une rampe aſſez douce qui part d'une ouverture agrandie par le tems & faite à la voûte qui ſert de ſol au rez-de-chauſſée. Elle n'eſt éclairée que par une fenêtre placée au nord, dont il n'eſt plus poſſible de reconnoître la forme ; le terrein extérieur étant plus bas de ce côté, cette fenêtre devoit donner aſſez de jour à cette piece ſouteraine.

La porte d'entrée eſt au levant ſur l'un des grands côtés de l'Edifice, elle a neuf pieds d'élévation ſur ſept de largeur priſe au ſeuil ; elle eſt abſolument nue, ſans ornement ni cordon ; & elle eſt terminée par un arc de voûte à plein ceintre, il y a au-deſſus une fenêtre d'environ ſept pieds de hauteur, laquelle eſt auſſi d'un ſeul arc à plein ceintre, elle eſt diviſée en deux par une colonne unie qui ſoutient l'arc, & dont le chapiteau eſt d'ordre Corinthien. (*a*) Il y a dans l'E-

---

(1) Ménard, Hiſt. de Niſmes, tom. VII. pag. 43. Deſcript. du Temple de Diane.

(*a*) On apperçoit dans les reſtes du *Temple de Janus d'Autun*, des

difice deux autres fenêtres placées à la même hauteur &
abfolument femblables à celle-ci, l'une eft vis-à-vis à l'occi-
dent. & l'autre au milieu du côté feptentrional : les colonnes
qui les divifent font d'une jolie proportion & les chapiteaux
affez bien exécutés.

La muraille extérieure de l'Edifice eft renforcée par feize
épérons ou contreforts , quatre à chacun de fes côtés, ces
contreforts ont trois pieds & quelques pouces d'épaiffeur &
autant de faillie ; ils furmontent le faîte de l'Edifice ; & fou-
tiennent tout autour de la terraffe des *Meurtrieres* ou *Machicoulis* en arceaux : un feul de ces contreforts par une fingu-
larité remarquable eft creux dans toute fa hauteur & communique vers fa bafe à l'intérieur de l'Edifice, par un trou rond
de quelques pouces de diamétre. Les murs ont cinq pied d'é-
paiffeur ; & les pierres dont ils font bâtis font *quartzeufes* ,
(1) ce font pour la plupart des cubes parfaits d'un pied ou de
dix pouces ; elles font liées entre elles par du mortier ou ciment , (a) les voûtes font formées de grandes pierres fans
ciment.

Telle eft la defcription de ce Monument, dans lequel il eft
impoffible de ne pas reconnoître les reftes d'un Temple ancien ; mais à quel âge faut-il rapporter l'époque de fa fondation ? Quelle étoit la Divinité que l'on y adoroit , & quel fut
le Peuple qui l'érigea ? On ne peut malheureufement propo-
fer fur ces objets que des conjectures plus ou moins vraifem-
blables : & quel que foit le degré de leur probabilité, elles
ne fauroient fuppléer à l'évidence des preuvesque les Savans tels
que vous, Monfieur, font en droit d'exiger. Je vais les préfenter
néanmoins avec confiance ; & fi je ne puis me flatter de faire
regarder à tous mon avis comme *bon* , *qu'il me foit du moins
permis de l'expofer comme* mien. (2)

Il ne nous refte en effet, Monfieur , fur le Monument de
Défaignes , aucune notion directe. Les Ecrivains Anciens &

---

fenêtres qui ont la même forme & auxquelles il ne manque pour ref-
fembler parfaitement à celles-ci, que d'être divifées par des colonnes.
Voyez la defcription & les deffeins de ce Monument dans l'*Antiquité
expliquée du Pere Montfaucon , au Supplément* , tom. 2. pag. 217. & fuiv.

(1) Hiftoir. Nat. de la France. Mérid. par l'Abbé Soulavie , tom. 3.
pag. 204.

(a) J'ai détaché plufieurs morceaux de ce ciment ou mortier, & j'ai
fupplié l'Académie Royale de Nifmes , de permettre qu'ils fuffent dé-
pofés dans fes Cabinets. Les curieux pourront les y voir & peut-être
feroit-il aifé de juger à leur afpect du tems ou le Monument auquel
ils appartiennent a été érigé.

(2) Montaigne.

Modernes , ne paroissent pas l'avoir connu , (a) & nous ne ne voyons aucune inscription soit sur l'Edifice , soit ailleurs , de laquelle on puisse retirer quelques lumieres. L'opinion vulgaire & une ancienne tradition , veulent que cet Edifice ait été un Temple consacré à *Diane* ; & plusieurs établissent ce sentiment sur l'étimologie du nom de *Désaignes*, en latin *Disannia*, qu'ils font dériver de *Dianna*. (b) Ce qu'il y a de certain, c'est que les Actes féodaux les plus anciens, donnent à cet Edifice le nom de *Temple de Diane*. Mais cette opinion n'est point prouvée , elle n'est fondée sur aucune autorité & dès-lors elle ne mérite aucune attention, il est tout au moins incertain si c'est le Temple qui a donné son nom à la Ville , ou si c'est la Ville qui a donné le sien au Temple ; & quant à moi , je ne vois pas pourquoi l'on ne feroit pas plutôt dériver le nom de *Templum Diannæ* , que les anciens Actes donnent à cet Edifice, de celui de *Templum Disanniæ* , qu'il a dû porter d'abord & qui certainement est celui qui lui convient le mieux. Nous voyons d'ailleurs qu'on a presque toujours fait honneur à *Diane* , des anciens Temples dont on a méconnu l'objet ; c'est ainsi qu'à *Nîmes*, qu'à *Orange* & qu'en plusieurs autres lieux , on a donné le nom de cette Déesse , à plusieurs Edifices qui ne lui ont jamais été consacrés.

Un des premiers Membres de votre Académie , le Pere *Colonia* Jésuite, connu par son érudition , prétendoit au contraire , que c'étoit un *Temple des Druides* mais cette opinion est encore plus dépourvue de vraisemblance ; & j'ose croire qu'un examen un peu plus réfléchi , auroit forcé le savant Jésuite d'adopter un autre sentiment.

(a) C'est ce silence absolu des Historiens & des Géographes, qui a persuadé à M. *l'Abbé Giraud Soulavie*, que c'étoit lui qui avoit découvert ce Monument ; mais on ne peut découvrir que ce qui est caché. Or, le *Temple de Désaignes* a toujours été connu du moins par les gens du pays , & a été l'objet des recherches des plus instruits d'entr'eux. Nous verrons bientôt que le *Pere Colonia* fut consulté sur la destination de cet Edifice , j'avois moi-même visité ce monument long-tems avant M. *l'Abbé Soulavie* & je suis loin de vouloir m'approprier l'honneur de l'avoir découvert. C'est donc à tort que ce Naturaliste d'ailleurs fort estimable , a fait insérer dans une Gazette de France de 1782 la nouvelle de sa prétendue découverte : il y a d'autant moins de droit , qu'en disant un seul mot de cet Edifice dans son Histoire Naturelle du Vivarais, il ne hasarde pas même la moindre conjecture sur sa destination primitive & se voit forcé *de laisser aux Amateurs de l'Antiquité le soin d'en déterminer l'usage.* (Histoire Naturelle de la France méridionale , par l'Abbé Soulavie, tom. 3. pag. 205.

(b) C'étoit l'opinion du Savant M. Court de Gebelin : il faisoit dériver le nom de Désaigne de *Ædes Diannæ.*

Les Celtes, en effet, chez lesquels prit naissance la Religion des *Druides*, n'élévoient point de Temples à la Divinité, (1) ils l'adoroient sur de hautes montagnes, comme l'ont fait d'abord presque tous les Peuples, dans les forêts, sur le bord des lacs & des rivieres, mais en plein air. Ils pensoient que la grandeur des Dieux ne permettoit pas que leur culte fut circonscrit dans un certain espace & renfermé dans un lieu ceint de murs, privé de l'aspect du Ciel. Ils s'assembloient même très-souvent dans des campagnes découvertes : & alors, dit *Keisler*, (2) ils regardoient comme sacrileges ceux qui en labouroient la terre ; ils couvroient l'espace consacré de grosses pierres afin de le rendre à jamais inculte. (3) On trouve en Angleterre & en Allemagne, divers lieux ainsi préparés (*a*) que le peuple nomme Champs des Fées ; (4) & César atteste que cet usage n'étoit pas étranger aux Gaulois. (5) *Multis in civitatibus. . . . . extructos cumulos,* (*b*) *locis consecratis conspicari licet.*

Les Gaulois descendans des Celtes, hériterent de leurs cérémonies & de leurs usages ; ils s'assembloient comme eux dans le fond des forêts, (6) mais en plein air *sub dio*, & ils n'avoient point de Temples. Telle est aussi votre opinion, Monsieur, & je ne puis qu'être bien flatté de me trouver ainsi de votre avis, permettez-moi de m'appuyer de votre autorité & de citer vos propres paroles, telles que je les trouve dans un ouvrage que vous avez publié il y a quelques années &

(1) Histoire des Celtes par Peloutier, publiée par M. de Chiniac, en 1770, tom. 1, in-4°. pag. 47.

(2) Keisler, Antiq. Select. pag. 182.

(3) Hist. des Celtes, tom. 2. pag. 12.

(*a*) On en trouve aussi en Brétagne en plusieurs endroits, & auprès de Poitiers, dans un lieu que l'on nomme à cause de cela *Pierres levées*. (Voyez le Discours sur les Monumens publics, par M. l'Abbé de Lubersac, pag. 127 & 129.)

(4) Id. pag. 196.

(5) Cesar de Bello Gallic, tit 6.

(*b*) Plusieurs éditions de César, portent *tumulos* au lieu de *cumulos*, ce qui au premier coup-d'œil semble donner à la phrase un sens tout opposé ; mais outre que l'on trouve *cumulos* dans une foule d'anciennes éditions très-correctes d'ailleurs, il est aisé de prouver que *tumulus* employé dans le sens propre, est pris dans la même acception que *cumulus* & notamment par César lui-même. *Planities erat magna & in ea tumulus terreus, &c. Cesar Bell. Gall.* lib. 1.

Cicéron le prend aussi dans le même sens. *è spelunca sublatus è Tumulo. Cic.* 7. *Verf.* 173. Enfin, voyez *Rob. Steph. Thesaur. ling. Lat.* V°. Tumulus, *Basl. Fabri.* Thesaur. erudition. V°. id. sic Definit. *Terra Cumulata.* Festus V°. id. sic Definit. *Tumulus; est Cumulus Arenæ, &c.*

(6) D. Martin, De la Religion des anciens Gaulois.

qui eſt intitulé, *Diſſertations hiſtorique ſur quelques Antiquités de Lyon & de Breſſe*, « c'étoit au milieu des bois » y dites-vous page 55 & ſuivantes, (1) « que les Druides adoroient
» la Divinité ; & qu'ils croyoient l'honnorer par des ſacrifi-
» ces ſanglans..... C'étoit-là qu'ils élevoient ces pyramides
» coloſſales d'oſier & de foin, où l'on enfermoit un Gaulois
» (2) & qui étant allumées, répandoient au loin une fumée
» épaiſſe & les cris affreux de celui qui expiroit. La hauteur
» de ces machines, le feu qui les conſumoit, &c. n'auroient
» pas permis qu'on les plaçat dans des Temples.....

» Au commencement de cette année (1780), (dites-vous
» un peu plus bas, (3) on a reconnu un Sanctuaire des Drui-
» des dans le dioceſe de Léon en Bretagne, au village de Theil.
» Ce lieu fut de tout tems environné de chènes, il n'eſt pas
» clos de murs, & ce n'eſt qu'un double rang de pierres en-
» taſſées qui l'entoure : ces pierres ne ſont pas égales en hau-
» teur, elles ſont brutes & ne ſont élevées au-deſſus du ſol
» que de ſix à ſept pieds. »

L'introduction des Temples chez les Gaulois fut l'effet iné-
vitable de l'influence des Romains ſur eux, & ne peut ſe rapporter qu'après leur ſoumiſſion à ces maîtres du monde ;
mais lors même qu'ils adopterent à cet égard les uſages de
leurs vainqueurs, ce ne fut pas ſans y apporter du moins
diverſes modifications. Leurs Temples, par exemple, furent de
forme *octogone* ou *ronde*, (4) par analogie avec leurs maiſons
qui étoient ainſi. (5)

Suivant un paſſage de Dom Calmet, (6) rapporté par
vous-même, Monſieur, dans l'ouvrage déja cité, (7) ce ne
fut qu'au commencement du cinquieme ſiecle, que les Gaulois s'éloignerent des forêts. « Sous Pharamond, dit le ſavant
» Bénédictin, les Sicambres n'avoient point encore de Tem-
» ples : & ils n'offroient leurs ſacrifices que ſous des arbres,
» ils faiſoient des libations tout autour, ils les entouroient de
» bandelettes, ils y attachoient des flambeaux allumés, &c. »

____

(1) Diſſert. ſur quelq. Antiq. de Lyon & de Breſſe, par M. de Lan-
dines. Lyon. 1780. pag. 55 & ſuiv.

(2) Céſar, atteſte ce fait.

(3) M. de Landine. id. pag. 57.

(4) L'Abbé Fénet. Diſſert. ſur les Gaulois, imprimée dans les Mém.
de l'Acad. des Inſcriptions.

Le Pere Martin, Relig. des Gaulois, pag. 138.

Le Pere Montfaucon, Antiq. Expliq. Supplém. tom. 2, pag. 217.

(5) Céſar, Bell. Galli. lib. 7.

(6) Comment. ſur la Geneſe, par Dom Calmet, pag. 464.

(7) M. de Landine. Diſſert. hiſt. pag. 52.

Sur la fin du 13e. fiecle, le culte auprès des arbres n'étoit pas encore abandonné ; & les Conciles de Tours, d'Auxerre & de Nantes, le profcrivirent. (1)

Le Temple élevé dans une ifle de la Loire, dont parle Strabon, (2) quoique antérieur à l'époque fixée par Dom Calmet, ne fait pas un préjugé contre fon affertion. Ce Temple en effet, ou du moins le toît de ce Temple, étoit portatif. Il falloit dit *Strabon*, que le toît fut placé & enlevé dans le même jour : c'étoit un des rites particuliers à ce lieu ; & dès-lors c'étoit moins un Temple qu'un Autel ou qu'une Chapelle.

Il en eft de même des Temples dont le Pere de Montfaucon (3) nous a confervé les deffeins, quoi qu'ils offrent une plus grande folidité. Ce favant Antiquaire, n'affigne point l'époque de leur fondation ; & il ne feroit pas mal-aifé par exemple de prouver d'après les dimentions & les voûtes de celui de *Montmorillon* en Poitou, dont il donne plus exactement les proportions, que ce Monument eft peut-être poftérieur même à l'époque affignée par Dom Calmet, (a) quoi qu'il en foit, quand même il faudroit malgré l'avis du

(1) Burchard, Décret. lib. X. M. de Landine. id.

(2) Strabon. lib. IV.

(3) Antiq. Expliq. du Pere Montfaucon. Supplém. tom. 2. pag. 220 & fuiv.

(a) Il n'y a qu'à jetter les yeux fur les deffeins que le Pere de Montfaucon nous donne du *Temple de Montmorillon*, pour être convaincu que fon ancienneté n'eft pas très-grande. Les voûtes en effet, ni font plus à plein ceintre, elles font à demi augives en arc-de-c'oître, avec des arrêtes, &c. le toît fe termine prefque comme nos manfardes, &c. il fuffit de comparer cette Defcription avec celle que je viens de donner du Temple de Défaignes, pour juger du tems qui s'eft écoulé depuis la fondation de l'un de ces deux Edifices, jufques à celle de l'autre : je ne fuis pas néanmoins de l'avis de M. l'Abbé le Bœuf, * qui me femble aller trop loin, lorfqu'il prétend que le *Temple de Montmorillon* n'eft point un Monument Gaulois ; & qu'il veut le faire regarder comme un Hofpice bâti pour des Pélerins vers le XIe. ou XIIe. fiecle. Si cela étoit ainfi, les voûtes de l'Edifice feroient encore plus éloignées qu'elles ne le font de la forme & de la perfection Romaine & le Monument offriroit encore d'autres preuves de fa nouveauté ; il n'y a qu'à obferver la marche de l'Architecture depuis fa naiffance jufques à nous ; il n'y a qu'à fuivre fes diverfes révolutions pour fe convaincre que l'époque véritable de ce *Temple de Montmorillon* eft prefque auffi éloignée de celle que lui veut affigner l'Abbé le Bœuf, qu'elle eft poftérieure au tems ou fut élevé le Monument qui fait le fnjet de cette Differtation.

* Réflexions fur les Tombeaux de Civaux & fur le prétendu *Temple de Montmorillon*, par l'Abbé le Bœuf. Hift. de l'Acad. des Infcriptions. tom. 12. in-12. pag. 217 & fuiv.

docte Bénédictin , porter à un tems plus éloigné la fondation des premiers Temples chez les Gaulois : il seroit impossible de la rendre antérieure à l'arrivée de Jules - César dans les
Gaules , il est certain que César n'y trouva point de Temples,
& qu'alors les Druides pratiquoient encore dans les forêts leurs
cérémonies & leurs mysteres ; mais dès lors même , les habitans du Vivarais (*Helvii*) étoient soumis aux Romains.
Alba Helviorum, honorée bientôt du titre de Colonie Romaine,
étoit la Capitale d'une partie de ce pays & l'autre habitée par
les *Allobroges*, dépendoit de Vienne (1).

Il n'est donc pas possible d'accorder quelque confiance à l'opinion du *Pere Colonia*. Ce ne fut qu'après la soumission d'une portion des Gaules, dans laquelle il faut nécessairement comprendre
le Vivarais, que les Gaulois commencerent à bâtir des Temples
à leurs Dieux; mais ils ne le firent point dans les Provinces déja
soumises & sous les yeux de leurs vainqueurs. Leur culte ne
pouvoit manquer de déplaire aux Romains qui venoient de
proscrire les sacrifices de victimes humaines ; & il leur déplut
en effet. (2) S'ils le tolérerent d'abord , ce ne fut qu'avec peine
& pour le persécuter bientôt avec acharnement. *Tibere* , dit
M. Duclos, (3) fit massacrer une grande partie des *Druides*.
Claude proscrivit toutes leurs cérémonies , même celles qui
n'étoient que superstitieuses, dit M. Freret, (4) & le même
savant rapporte , que cet Empereur fit punir de mort un Che-
valier Romain , uniquement parce qu'il avoit porté sur lui le
fameux œuf de serpent auquel les Druides attachoient de si
grandes vertus. (5) Enfin, ces deux Empereurs ne firent que
suivre l'exemple d'*Auguste*, (6) qui rendit le premier des Or-
donnances severes contre les pratiques religieuses des Gaulois.

Mais la structure même du Monument proscrit plus victo-
rieusement encore l'opinion du savant Jésuite : cet Edifice
en effet, est de forme quarrée & nous avons vu que celle
des Temples Gaulois fut toujours octogone ou ronde, par
analogie avec leurs habitations , &c. on y apperçoit trois
colonnes avec des chapiteaux Corinthiens ; & ce bel ordre
inventé parmi les Grecs , apporté chez les Romains peu de

(1) Accolit. Alpinis opulenta Vienna Colonis. (Auson.)
(2) Observations sur la Relig. des Gaulois , &c. par M. Freret , rap-
portées dans les Mém. de l'Acad. des Inscriptions.
(3) Dissert. sur les Druides , par M. Duclos. Mém. de l'Acad. des
Inscriptions.
(4) Observ. sur la Relig. des Gaulois , par M. Freret. id.
(5) Idem.
(6) Idem.

tems avant l'introduction de ceux-ci dans les Gaules, ne devint jamais propre aux Gaulois, chez lesquels les Arts ne fleurirent point. Il en est de même de la frise qui orne la base de la cheminée que nous avons décrite : un tel ornement étoit aussi étranger à la rusticité des Gaulois, que les perfections du plus bel ordre de l'Architecture grecque.

Il est au contraire absolument impossible, Monsieur, de méconnoître le caractere Romain dans les voûtes de l'Edifice & dans tous les arcs que l'on y apperçoit. Les voûtes & les arcs sont à *plein ceintre*, & cette forme exclusivement employée dans l'Edifice, est entiérement Romaine, cette sorte de voûtes que l'on retrouve dans tous les Monumens qui nous sont restés de la grandeur des Romains, a retenu d'eux son nom & se nomme indifféremment parmi les Artistes, *voûte à plein ceintre* ou *voûte Romaine*. Les voûtes du *Temple de la Fontaine* à Nismes sont à *berceau* & à *plein ceintre* comme celles-ci ; celles de l'Amphithéatre de la même ville sont parfaitement semblables. On peut observer la même chose à *Rome*, & dans toutes les autres villes soit de la *France*, soit de l'*Italie*, qui conservent encore des restes de Monumens Romains.

Mais l'Extrême simplicité de l'Edifice ; le contraste frappant qui se trouve à cet égard entre ce Monument & la plupart des précieux restes de l'Architecture Romaine, semblent devoir au premier coup d'œil combattre mon opinion & faire supposer une autre origine au Temple ancien dont j'ai l'honneur de vous entretenir. Les Arts fleurissoient dans les Gaules sous la domination des Romains, la Narbonnaise est pleine de Monumens qui attestent leur magnificence & dans lesquels le génie imposant de ces maîtres du monde, perfectionné par le goût le plus pur, brille encore dans tout son éclat. La ville de Nismes, celle de Vienne sont enrichies de chef-d'œuvres, qu'elles doivent aux Romains ; & l'on trouve même en Vivarais, dans le lieu qui fut jadis *Alba-Augusta*, (*a*) des débris magnifiques, qui annoncent la perfection à laquelle l'Architecture parvint dans cette partie des Gaules sous l'autorité de ses nouveaux maîtres.

J'en conviendrai, les Arts s'éleverent dès le regne même d'Auguste, à un trop haut degré de perfection, pour qu'il soit possible de rapporter à ce tems la fondation du Temple dont je parle. On trouve bien à la vérité, dans cet Edifice, la grandeur, l'aspect imposant, la hardiesse, la solidité de

---

(*a*) Ce lieu nommé aujourd'hui *Aps*, est un très-petit village ; mais dans lequel on trouve sans cesse des fragmens & des débris précieux.

ceux que nous devons aux Romains , mais on n'y voit point
la délicateſſe & la grace qu'ils ſurent unir à ces avantages
ſous le regne des premiers Empereurs ; & qu'ils emprun-
terent des Grecs leurs maitres dans tous les Arts. Il faut donc
placer l'époque de ſa fondation avant le tems de la perfection des Arts chez les Romains ; avant le tems où ce Peuple
unit au caractere de grandeur & de ſolidité qui lui étoit propre , celui qu'il emprunta des Grecs & qui brille danstous les
Monumens dont la Narbonnoiſe fut enrichie , « il ne faut » dit
» M. de Cailus , (1) citer les Romains pour avoir pratiqué
» l'Architecture & la Sculpture , que ſur la fin de la Républi-
» que , c'eſt-à-dire , quelque-tems avant Jules - Céſar , mais
» principalement ſous le regne d'Auguſte , ce fut alors que
» les dépouilles de la Grece qui long - tems auparavant
» avoient orné la ville de Rome , furent imitées ; ce fut
» alors qu'elles arriverent en plus grand nombre & que les
» Grecs Artiſtes en tous les genres , ſuivirent en foule leurs
» vainqueurs » . . . . . Le même Auteur un peu plus haut (2)
prétend , qu'avant cette époque *les Ouvrages des Romains
étoient ſolides , mais dépourvûs de tous les ornemens de l'Architecture.* Il vante les ſuperbes égouts de l'ancienne Rome ,
dont on ne peut admirer que la grandeur & la ſolidité , M.
l'Abbé de Luberſac s'exprime auſſi dans les mêmes termes ,
(3) les Romains , « dit-il , » ne commencerent à avoir des
» idées de la belle Architecture , qu'après avoir communiqué
» avec les Grecs ; ce fut à cette époque qu'on vit ſe former
» chez eux les Architectes , dont les vaſtes conceptions éton-
» nent encore nos ſiecles par leur grandeur & leur ſubli-
» mité. »

Il faut donc néceſſairement reconnoître dans le Monument
de Déſaignes , un Temple élevé par les Romains ; mais antérieur au ſiecle d'Auguſte & au regne des Arts à Rome. Cher-
chons maintenant dans l'Hiſtoire de la République , à quelle
époque , & à quels hommes il faut en attribuer la fondation.

Voici ce que l'on trouve dans les anciens Hiſtoriens.

Les Allobroges , Peuples puiſſans & nombreux , dont Vienne
étoit la Métropole ; & dont le pays s'étendoit auſſi ſur la
rive droite du Rhône , au-deſſous de Lyon , en occupant au
moins dans le Vivarais , la portion qui dépend encore aujour-

---

(1) Mémoire ſur l'Architecture des Grecs & des Romains , par M. de
Cailus , inſéré dans les Mém. de l'Acad. des Inſcriptions , tom. 38. in-12.
pag. 525 & 526.

(2) Idem , pag. 524.

(3) Diſcours ſur les Monumens publics , par l'Abbé de Luberſac ,
pag. 45.

d'hui des diocèfes de *Valence* & de *Vienne*. (1) Après avoir reçu parmi eux *Teutomal* Roi des *Saliens* , vaincu & mis en fuite par *C. Sextius* , (2) fe difpoferent à venger eux-mêmes la défaite de ce Roi leur Allié ; & à repouffer hors des Gaules les Romains , dont ils fupportoient impatiemment le voifinage. Bituitus , felon quelques-uns , *Bétuald* , Roi des Auvergnats s'empreffa d'entrer dans leur Parti ; il marcha le premier contre *C. Domitius Aenobarbus* , qui venoit de remplacer Sextius dans le commandement de l'Armée. (3)

Le Général Romain inftruit de cette alliance , fe hâta d'en prévenir les dangereux effets en combattant Bituitus avant qu'il eut pu fe réunir aux Allobroges. Il l'atteignit en effet, au confluent du Rhône & de la Sorgue , (4) & lui livra Bataille auprès d'un lieu nommé *Vindalicum* , lequel ne fubfifte plus : fa victoire fut complette (5) malgré la fupériorité de l'Armée de Bituitus : elle fut taillée en pieces & le vainqueur dédaigna d'en pourfuivre les débris.

Bituitus s'efforça bientôt de réparer fa défaite : il ramaffa promptement tant dans fes Etats , que dans le pays des Allobroges , une Armée que plufieurs font monter à deux cent mille combattans. (6) *Q. Fabius Maximus* , qui fuivant quelques-uns , portoit auffi comme fon Pere le furnom d'*Æmilianus* , (7) venoit d'arriver dans les Gaules ou le Sénat l'avoit envoyé au fecours de Domitius. (8) Il entra promptement dans le pays des Allobroges. *Bituitus* étoit encore dans la portion de ce pays , qui fait aujourd'hui partie du Vivarais , lorfque le Général Romain arriva fur les bords de l'*Ifere* , il s'empreffa de traverfer le Rhône fur deux ponts de bâteaux (9) qu'il fit conftruire à la hâte. Les deux Armées fe ren-

---

(1) Valois , Not. Gal. Danville , Notice de l'ancienne Gaule. Menard, Hift. de Nifme, tom. 1. Idem , Differt. fur la Gaule Narbonnoife , Mém. de l'Acad. des Infcript. in-12. tom. XIII , XIV , &c. Cæfar. Bell. Gall. lib. 8. Orof. lib. 5. c. 13. Hiftoir. de Languedoc , par les Bénédictins , tom. 1. Sanfon, remarq. fur les Cartes de l'anc. Gaule.

(2) Liv. Epit. 61. Cæfar. Bell. Gall. lib. 1.

(3) Strab. lib. 4 Orof. lib. 5. c. 13. Eutrop. lib. 4.

(4) Strab. Id. Paul Diac. lib. IV. Vell Paterc. lib. 2. c. IX. lib. Epit. 61.

(5) Strab. Id. Paul Diac. Id. Liv. Epit. I. Vell. Paterc. Id. Florus, lib. 3. Hift. de Languedoc , Id. Hift. de Nifmes , de Ménard. Id.

(6) Cæfar , de Bell. Gall. l. 1. Strab. Id. Orof. Id. Appian , Bell. Gall. p. 755. Plin. lib. 7. c. 50.

(7) Strab. lib. 4. Cellarius , Gerg. Ant. lib. 2. c. 2.

(8) Liv. Epit. 61. Orof. Id.

(9) Paul Diac. lib. IV. Hift. de Langued. Id.

contrerent au confluant (*a*) de l'*Isere* & du *Rhône* ; (1) &
& malgré le petit nombre des Romains qui n'étoient que
trente mille (2) & la mauvaise santé du Général , qui avoit
alors la fievre-quarte , Bituitus fut entiérement défait , & forcé
pour la seconde fois de chercher son salut dans la fuite. (3)
Après avoir vû périr le plus grand nombre de ses soldats , il
voulu faire repasser le Rhône aux foibles restes de son Armée ;
mais l'un des deux ponts qu'il avoit fait jetter sur ce fleuve ,
se rompit accablé sous le poids d'un trop grand nombre de
fuyards & les eaux engloutirent la plus grande partie de ceux
qui s'étoient dérobés au glaive du vainqueur (4) si l'on en
croit quelques Historiens , Bituitus perdit cent cinquante mille
hommes dans cette journée , (5) tandis que la perte des Romains ne fut que de quinze hommes.

Cette victoire assura la puissance des Romains au-deçà des
monts , il paroît que c'est à ce tems qu'il faut rapporter la soumission de la Gaule *Braccata* , (6) dont une partie forma depuis
la Narbonnoise. *Bituitus* trahi bientôt après par la perfidié
de Domitius (7) fut renvoyé à Rome , où il servit à embel-
lir le triomphe que l'on s'empressa d'y décerner aux deux
Généraux. (8)

Avant de quitter les Gaules , *Domitius* & *Fabius* , voulu-
rent y laisser des témoignages éternels de leurs victoires ; ils
firent élever des Trophées , soit sur le lieu même où ils avoient
vaincu , (9) soit du moins à peu de distance. On trouve encore à Carpentras ville du Comtat , éloignée de deux lieues de

---

(*a*) Strabon , parmi les Auteurs que j'ai cités sur cet objet , est le
seul qui dise précisément que la Bataille se donna au confluent du Rhône
& de l'Isere : *Quo loco Isara & Rhodanus confluent.... ad confluentes
Isarœ & Rhodani* ; mais son avis n'en mérite pas moins de prévaloir.
Les autres Auteurs sans employer des termes aussi positifs , disent à-
peu-près la même chose , & d'ailleurs leur témoignage se lie. Eutrope
dit , *Juxta Rhodanum* , Pline , *prope Isaram.* Florus , parle aussi de
l'*Isere* ; & *Paul Diacre* assure que Bituitus fit construire des ponts sur
le Rhône , pour venir attaquer Fabius.

(1) Strab. lib. IV. Florus. lib. 3. Plin. l. 7. c. 50. Eutrop. lib. IV.

(2) Strab. Id.

(3) Florus. Id. Vell. Pet. Id. Liv. Id. Val. Maxim. l. 6. c. 9. n. 4.
Strab. lib. 4. Plin. id. Paul Diac. Eutrop. Id.

(4) Paul Diac. Id.

(5) Paul Diac. id. Appian. Id. & liv. Epit. Id. ne font porter la
perte de Bituitus qu'a cent vingt mille hommes. Pline & Orose , Id. disent
env. 110 mille.

(6) Hist. de Langued. Id. Ménard , Hist. de Nismes. Id.

(7) Val. Maxim. Id.

(8) Florus. Id.

(9) Florus. Id. Strab. Id.

l'embouchure

l'embouchure de la Sorgue , un refte de Monument que quelques Auteurs ont cru être le Trophée de Domitien. (1) C'eft une forte de Tour-quarrée, on voit à l'un de fes côtés des captifs enchaînés au pied d'un faifceau d'armes , & plufieurs autres attributs qui peuvent fervir à appuyer cette opinion.

Indépendamment du Monument deftiné uniquement à conferver le fouvenir de fa victoire , *Fabius* fit élever dans le même pays deux Temples, qu'il confacra l'un à *Hercule* & l'autre à *Mars*. (2) On a cru jufques ici qu'il ne reftoit plus rien de ces Monumens , & les Auteurs même ne paroiffent pas d'accord entr'eux fur le lieu où ils ont dû être érigés. Florus (3) qui ne parle point des Temples , affure que les Trophées furent élevés à la place même où fe paffa l'action ; maigré cette autorité, quelques uns (4) ont voulu tranfporter en *Vivarais* & le Trophée de Fabius & les Temples que ce Général bâtit en même-tems : voici comment s'exprime Cellarius à cet égard. (5)

« Suprà helvios in limite Arvernorum , propè Rhodanum ,
» Ortelius in tabula Galliæ Antiquæ pofuit , *M_x:m: Æmiliani*
» *Tropœum*, quòd folus Strabo , lib. IV. pag. 128. fic delinea-
» vit : *quo loco Ifara & Rhodanus confluent prope Cemmenum*
» *(Gebennam) Montem* , *Q. Max. Æmilianus* XXX. *millium,*
» *non integrorum exercitu* C.C. *Millia Gallorum cecidit, ibique*
» *tropœum ftatuit ex albo lapide (a) defcribit ibi finiftram*
» *ripam Rhodani, ut & prælii locum & evectum Tropœum*
» *credas cis flumen extitiffe.* At. pag. 132 in Arvernis idem
» prælium commemorat *ad confluentes Ifaræ & Rhodani , ubi*
» *Gebenna mons appropinquat Rhodano , quibus dextrum Rho-*
» *dani latus videtur indicari* id quod *Ortelium* in tabula puto
» refpexiffe. Confentit *Philipus Brietius* qui , quamvis in Se-
» galaunis Æmilii Tropœum referat , tamen *ultrà Rhoda-*
» *num ad radices Cemeni montis fuiffe* fcripfit nec verò *repu-*
» *gnabimus* fi quis Tropœum cis flumen requiefcevit. »

Ce Géographe , comme vous voyez , à l'exemple des Auteurs qu'il cite , confond les Temples & les Trophées ; & fup-

(1) Mém. de Trévoux , 1724. Avril , art. 30. Encyclopedie. Voyez *Carpentras*.

(2) Strab. Id.

(3) Florus , liv. 3.

(4) Ortelius , Tab. Gall. Brietius. Géog. Antiq. Cellarius. Géog. Antiq.

(5) Cellarius. Géog. Antiq. lib. 11. c. 11.

(a) Strabon , ajoute les mots fuivants , qui ne font point dans la citation de Cellarius.

» *Ac Templa duo, Marti quidem unum , Herculi verò alterum.*

B

pofant que ces divers Monumens ont été élevés dans le même lieu, il place le tout enfemble en Vivarais, dans fa Carte des Gaules, fous le nom collectif de *Tropæum Æmilianum*. Qu'il me foit permis de n'être point de cet avis. Si ces différens Auteurs qui ont hazardé leurs opinions fur la place où *Fabius* fut vainqueur, & fur celle qu'il choifit pour confacrer le fouvenir de fa victoire, ont fi fort varié entr'eux ; & s'ils ont paru offrir des autorités fi fouvent oppofées ; cela vient, j'ofe le dire, de ce qu'ils n'ont pas diftingué ces Temples du Trophée, de ce qu'ils ont appliqué à l'un ce qui convenoit aux autres fans confulter la vraifemblance & les motifs qui durent animer le Général Romain. Florus ne parle point des Temples à *Mars* & à *Hercule*, élevés par Fabius d'abord après fa victoire ; mais cet Hiftorien ne femble faire mention des Trophées que pour avoir occafion de blâmer l'orgueil qui les fit ériger & pour faire honneur au Peuple Romain d'une modération jufqu'alors plus grande : « Hic mos » inufitatus fuerit noftris » dit-il, « numquam enim Populus » Romanus hoftibus domitis victoriam fuam exprobraverit. » (1) Il ne pouvoit point faire la même réflexion en parlant des Temples, parce qu'à tout prendre, il étoit poffible que Fabius en les élevant n'eût fait que céder à un mouvement purement religieux. Dès-lors cet Hiftorien, en atteftant que le Trophée fut élevé fur le lieu même ou s'étoit paffé l'action qu'il étoit deftiné à confacrer, n'a point pu avoir en vue ces Temples dont il ne parle pas. En adoptant donc fon témoignage ; il faudra néceffairement rapporter au confluent du Rhône & de l'Ifere, qu'on ne peut s'empêcher de regarder comme le théatre de la derniere défaite de Bituitus, la place où fut érigée la Tour ou Colonne *Ex albo Lapide*, dont parle Strabon ; mais il n'eft pas poffible de chercher dans le même endroit les reftes des deux Temples à *Mars* & à *Hercule*. Tous les lieux en effet, n'étoient point propres à ces Edifices facrés, la religion prefcrivoit le choix de la place où l'on vouloit les bâtir, & donnoit à cet égard des préceptes qu'il falloit fuivre. Tous les Anciens nous apprennent que c'étoit de préférence fur les montagnes, dans le voifinage des forêts, que les Romains élévoient des Temples à la Divinité ; mais il étoit d'ailleurs, indifpenfable de choifir pour ériger de pareils Monumens le voifinage de carrieres d'où l'on put tirer des matériaux fufceptibles d'y être employés. Or, le lieu où Fabius fut vainqueur eft une vafte plaine, prefque de niveau avec le Rhône & l'Ifere, par qui elle eft fouvent fubmergée,

____

(1) Florus, lib. III.

le fol n'y eft couvert que de cailloux roulés ; & cette portion du Dauphiné, n'offre aucune carriere propre à donner les matériaux d'un Edifice confidérable & auquel on voudroit affurer une longue durée. Si Fabius eut voulu bâtir abfolument dans ce lieu même les deux Temples qu'il éleva, outre qu'il n'eût pas trouvé dans cette plaine cet afpect impofant & religieux qu'il devoit néceffairement defirer, il auroit été forcé de faire apporter du Vivarais toutes les pierres néceffaires à la conftruction de ces deux Edifices, comme on l'a fait de nos jours lorfqu'il a fallu bâtir le fuperbe Pont de la *Drome*, & élever la chauffée qui conduifoit au Pont de bois de l'*Ifere*. Mais, le Rhône étoit alors un obftacle infurmontable à une pareille entreprife, & il a fallu pour le vaincre de nos jours, mettre en ufage tout ce que les Arts méchaniques ont acquis depuis les Romains.

Il eft donc vraifemblable, Monfieur, que Fabius après avoir pourfuivi jufques dans le Vivarais, (a) les reftes de l'Armée de Bituitus, après avoir foumis la portion de ce pays qui dépendoit des Allobroges, s'arrêta pour élever ces deux Temples à l'extrêmité de fes conquêtes qui devoient en être protégées. Sur le fommet du rang inférieur des montagnes du Vivarais & au pied des plus élevées, au lieu enfin, *Ubi Gebenna mons appropinquat Rhodano* (1) *fuprà helvios, in limite Arvernorum*, comme dit Cellarius, (2) *ad Radices cemeni montis, ultra Rhodanum*, (3) d'après cela n'eft-il pas permis d'appercevoir un refte de fon ouvrage dans le *Temple de Défaignes*, dont j'ai donné plus haut la defcription. Ce Monument en effet, qui d'après fa ftructure ne peut gueres appartenir qu'au tems de la foumiffion des Allobroges, eft placé dans la partie du Vivarais, habitée alors par ces Peuples (4) à une lieue du Forêt & du Velai *larverni*, (5) à trois ou quatre feulement du confluent de l'Ifere & du Rhône. Au pied des plus hautes montagnes du Vivarais, fur le penchant qui regarde le Rhône, & par conféquent, *ad radices cemeni*

____

(a) On voit dans Paul Diacre, que l'Armée de Bituitus pourfuivie par ces Romains, repaffa le Rhône fur les deux Ponts que ce Roi avoit fait jetter fur ce Fleuve : & que l'un d'eux fait trop à la hâte fe rompit fous le poid des fuyards, dont un grand nombre fut englouti; mais il paroît que l'autre Pont n'eut pas le même fort, & qu'il ne fervit aux Romains que pour paffer le Rhône, à la pourfuite des ennemis.

(1) Strab. Id.
(2) Cellarius, Id.
(3) Brietius, cité par Cellarius.
(4) Vid. les autorités citées ci-deffus, au mot *Allobroge.*
(5) In limitè Arvernorum. Cell. Id.

(20)

montis (1) *ubi Gebenna mons appropinquat Rhodano*, (2) les
Auteurs que j'ai cités font de cet avis ; le lieu où Cellarius a
placé dans fa Carte des Gaules le *Tropæum Æmilianum*, répond à très-peu de chofe près à l'endroit où eft le *Temple de
Défaignes*. Mais *Cellarius*, non plus que les autres Géographes dont il invoque le témoignage , dans le morceau que
j'ai cité , ne connoiffoient point l'Edifice qui prête un fi grand
appui à fon opinion , & dès-lors il ne peut pas être foup-
çonné d'avoir voulu expliquer un point d'Antiquité par une
fuppofition , & étayer une découverte par de faux raifonne-
mens. Il n'étoit porté à placer en Vivarais les deux Temples
élevés par Fabius , que par l'examen qu'il avoit fait & des
vraifemblances locales & des témoignages que les Anciens nous
ont laiffés à cet égard. Quelle force donc n'acquiert pas fon
Jugement lorfque l'on trouve dans le lieu même qu'il défi-
gne , des reftes qui femblent ne pouvoir appartenir qu'au
Monument qu'il y place.

Tout d'ailleurs annonce dans l'*Edifice de Défaignes* , les
reftes d'un Temple confacré à *Mars* : ceux que l'on élevoit à
cette Divinité , portoient le caractere du Dieu que l'on devoir
y adorer ; ils étoient placés hors de l'enceinte des villes , (3)
& fervoient de fortereffes. Or, ces deux caracteres diftinctifs
fe rencontrent en effet, dans le Temple de Défaignes , il eft
fitué hors de la ville ; mais à côté de fes murs, & il eft bâti
de maniere à pouvoir foutenir long-tems l'attaque d'ennemis,
à qui l'Artillerie feroit inconnue. La forme de la terraffe qui
le couvre, les contreforts dont il eft revêtu , les meurtrieres
ou machicoulis (*a*) qui l'entourent , annoncent fuffifamment
une fortereffe.

Vainement m'oppoferoit-on le paffage de Vitruve, qui en
parlant des différens ordres d'Architecture, affectés à chaque
Temple, dit que ceux de Mars, doivent être conftruits felon
l'ordre Dorique ; mais c'eft ici un précepte & non pas une autorité , & le Pere Montfaucon (4) attefte, qu'il n'étoit pas
toujours pratiqué , il s'en faut certainement de beaucoup que
l'on trouve cette regle généralement fuivie , même chez les
Grecs ; quoi qu'il en foit & quand même ce confeil de Vi-

(1) Brietius. Id.
(2) Strab. Id.
(3) L'Encyclopédie, au mot Mars, l'attefte ainfi , & cite à cet égard
l'autorité de Vitruve.
(*a*) Cette forte de défenfe , dit l'Encyclopédie, au mot fortification,
a été en ufage dès la plus haute Antiquité , & n'a été abandonnée que
lors de l'invention de l'Artillerie, qui la rendoit inutile.
(4) Antiq. Expliq. tom. 2. liv. 11 , pag. 51.

truve feroit une loi , auffi confacrée qu'elle l'eft peu ; ce ne
feroit pas à mes yeux une autorité invincible. On voudra
bien fe reſſouvenir en effet ; qu'à l'époque où , d'après le
fentiment que je propofe , le Temple de Déſaignes a dû être
élevé ; l'Architecture étoit trop peu perfectionnée chez les
Romains , pour que fes loix mêmes fuſſent fcrupuleufement
fuivies ; *Vitruve* n'avoit point encore paru ; les beautés grec-
ques étoient encore inconnues à Rome ; & les Edifices des
Romains ne pouvoient encore offrir que de la nobleſſe & de
la folidité , mais fans délicateſſe & fans grace. Il ne regne
en effet , aucun ordre dans le Monument de Déſaignes , car
il ne faut pas parler des colonnes d'ordre Corinthien , qui
divifent les fenêtres ; & qui font placées dans un lieu d'où
le bon goût les auroit bannies , on ne peut donc pas m'ob-
jecter le précepte de Vitruve , quand même on le regarde-
roit comme une fuite des ufages confacrés par les Grecs.

Il eft effentiel de prévenir ici deux autres objections que l'on
pourroit me faire & qui quelque dépourvues de fondement
qu'elles foient , pourroient peut-être paroître fuffifantes à
quelques-uns pour les engager à douter de l'ancienneté que je
fuppofe au Temple de Déſaignes.

La premiere feroit fondée fur les Colonnes dont je viens de
parler , & qui comme on l'a vû fervent de fupport aux arcs
qui forment les fenêtres , & la feconde fur la cheminée que
j'ai décrite en fon lieu.

Ces colonnes , qui comme je l'ai dit , font placées dans fun
lieu où elles font , loin d'ajouter à la beauté de l'Edifice , annoncent en effet l'enfance de l'art , à l'époque de fa conftruction & dès-lors loin de combattre le fentiment que je propofe , elles lui prêtent un nouvel appui. Leur reſſemblance
avec les fupports des croifées de nos Eglifes gothiques n'eft
point une raifon capable de faire confidérer comme moderne ,
l'Edifice dans lequel on les trouve employées. Les extrêmes
fe touchent ; & il n'eft point extraordinaire que l'on ait fait
revivre au tems de la décadence de l'art une pratique déja
connue lors de fon enfance & abandonnée dans fa perfection , fi l'*Edifice de Déſaignes* eut été poftérieur aux beaux
tems de l'Architecture , il offriroit dans fes autres parties d'autres traces du mauvais goût de ceux qui l'auroient élevé. La
forme des voûtes feroit différente de celles que nous y voyons ,
les arceaux des fenêtres auroient une autre forme ; les ornemens y feroient multipliés & fans grace , &c. il y a très-
loin fans doute de la fimplicité ruftique , qui précede le dé-
veloppement de l'art ; au mauvais goût qui marchant d'abord
après fa perfection en avance irrévocablement la chûte.

L'autre objection ne feroit gueres mieux fondée, la cheminée du *Temple de Défaignes*, faite en cône aigu, à moitié engagée dans le mur & à moitié faillante, ne reffemble en aucune maniere à nos cheminées actuelles ; & c'eft bien à tort d'ailleurs, que plufieurs Savans ont cru les uns, que l'ufage des cheminées étoit inconnu aux Anciens, les autres que s'ils en avoient, elles étoient ifolées ; mais d'abord, il exifte encore aujourd'hui dans le *Temple de la Fontaine de Nifmes* (1) deux cheminées ou conduits creufés dans l'épaiffeur du mur qui conduifoient la fumée des Holocauftes, dans un appartement fupérieur, où l'on fe plaçoit pour certaines expiations. Enfuite, un grand nombre d'Auteurs anciens atteftent l'exiftence des cheminées de leurs tems.

Appian, (2) parlant des profcriptions des Triumvirs, affure que plufieurs citoyens fe réfugierent dans les tuyaux des cheminées pour fe dérober aux recherches des meurtriers : (*Quidam in fumaria*, dit-il, *vel fummos fub tegulos refugi fedebant cum filentio maximo.*)

Philocléon dans la Comédie des Guêpes d'*Ariftophane*, fe cache dans une cheminée, un Efclave qui l'entend, s'écrie, *quel bruit fait le tuyau de la cheminée ?* Philocléon découvert, répond, qu'*il eft la fumée & qu'il cherche à s'échapper* ; & le fils un peu plus bas fe plaint de ce qu'on va dire par-tout, qu'il eft le fils d'un Ramoneur de cheminées. (3)

Lorfque Vitellius fut élu Empereur, dit le Pere de Montfaucon, (4) le feu ayant pris aux cheminées pendant le tems d'un feftin, gagna la Salle à manger (*triclinium*) & l'on eut beaucoup de peine à l'éteindre. (5)

Enfin, Scamozzi, (6) a vu à Baie, une cheminée antique nouvellement découverte, laquelle étoit quadrangulaire & dont le tuyau formoit une pyramide, qui alloit en fe rétréciffant depuis fa bafe, jufqu'à fon fommet terminé en pointe. Le même Auteur affirme, que *François Saneze*, en a vu une pareille à *Civita-Vechia*, & qu'il s'en eft découvert plufieurs autres en divers lieux, & ces cheminées antiques avoient comme on le voit un très-grand rapport avec celle du *Temple de Défaignes* ; & il paroît d'après ces différentes autorités,

---

(1) Ménard, Hift. de Nifmes, tom. VII.
(2) De Bell. Civ. lib. 4.
(3) Les Guêpes, d'Ariftophanus, fcene 11. art. 1.
(4) Antiq. Expliq. tom. 3. pag. 102.
(5) Voici comment Suétone dans fa Vie de Vitellius ; §. 8. attefte ce fait. *Nec antè in pœtorium rediit,* (Vitellius) *quam flagrante triclinio ex conceptu* CAMINI.
(6) Architect. de Scamozzi, lib. 3. c. 21, pag. 321.

que les Anciens à cet égard meilleurs Physiciens que nous ,
terminoient leurs cheminées en pointe, afin qu'elles ne fumaſ-
ſent pas. (a).

(a) On lit dans le Journal de Paris , du 15 Août 1786, *que l'uſage
des cheminées a été abſolument ignoré des Grecs & des Romains.* J'ai
réclamé contre cette aſſertion haſardée , par une Lettre adreſſée peu
de tems après aux Auteurs de ce Journal : j'ai cité diverſes autorités qui doivent néceſſairement combattre cette prétention. J'ai fait depuis de nouvelles recherches , & je me ſuis de plus en plus convaincu de l'erreur des Journaliſtes à cet égard. Je vais ajouter de nouvelles preuves à celles que j'ai déja propoſées.

Sidoine Apollinaire , qui à la véritévivoit dans le 5e. ſiecle , fait
ainſi la deſcription d'une cheminée.

> Hîc bonna flamma
> Appoſitas depaſta trabes , limita *Camino*
> Ardentis perit unda globi , fractoque flagello
> Spargit tentatum per culmina tota vaporem.
> (Vid. Apollin. Carmin. 22. 190.)

Le même Auteur s'exprime de cette maniere en un autre lieu de ſes
Ouvrages. *A Cryptoporticu in hyemale triclinium venitu , quod arcua-
tili Camino ſæpè ignis animatus pulla fuligine infecit.* (Id. Epit. 11. 2.)

On lit dans le Livre de JESUS , Fils de Sirach , qui a pour titre
l'Eccléſiaſtique , chap. 22. verſ. 30. *Antè ignem Camini vapor , & fumus
ignis inaltatur , ſic antè ſanguinem maledicta & contumeliæ.*

Le Prophete Iſaïe ou Eſaïe , dit auſſi , chap. 31. verſ. 9. *Dixit Do-
minus cujus ignis in Sion , & CAMINUS ejus in Jeruſalem.*

Sur quoi je remarquerai , que ce mot *Caminus* , d'où dérive ſans
difficulté celui de *Cheminée* , qui à parmi nous la même ſignification ,
vient du mot grec ΚΑΜΙΝΟΣ , qui veut dire , la même choſe. Ꝝ. Vid.
Reb. Steph. Theſ. ling. grec, ce qui prouve que la choſe qu'il exprime
étoit connue des Romains.

C'eſt dans cette acception de *Cheminée* , que *Caminus* eſt pris par tous
les Auteurs ſacrés & profanes que je viens de citer , & par Suétone ,
dans le paſſage ci-deſſus tranſcrit , ainſi que l'atteſte ſon Commentateur
Samuel Pitiſcus , dans la Note ſuivante. *CAMINUS , in triclinio locus eſt
ubi ſit ignis.* Cicéron , Virgile & Horace , en font uſage dans le même
ſens. Horace l'a employé ainſi dans la phraſe ſuivante , qui eſt devenue
proverbe , même parmi nous : *Oleum addere Camino* , ce qui ſignifie,
jetter de l'huile ſur le feu, c'eſt-à-dire , *exciter une querelle au lieu de
l'appaiſer.*

Le même Poëte atteſte l'uſage de faire du feu dans les appartemens
pour ſe garantir du froid , par ce paſſage.

> Diſolve frigus , ligna ſuper foco ,
> Large reponens.

Je pourrai encore citer ſa Satyre V. Lib. 1. dans laquelle il ſe plaint,
en racontant ſon Voyage de Brindes , de qu'il a manqué d'être incen-
dié à Bénévent , par la maladreſſe de ſon Hôte ; mais je ne crois pas
qu'il faille comme le P. Tarteron traduire ce qu'il a dit à ces égard *par le*

Il me reste maintenant, Monsieur, à dire un mot du sentiment de quelques Modernes, (1) qui réunissant en un seul cès deux Monumens auxquels donnerent lieu les deux victoires remportées sur les *Allobroges*, ont cru le trouver dans l'*Arc-d'Orange*. Cette opinion déja repoussée par le témoignage de tous les Anciens, est uniquement née de l'envie de donner à l'*Arc-d'Orange*, une explication nouvelle & specieuse. Ce n'est point ici le lieu de rechercher l'origine de ce superbe Monument ; & il me suffira de renvoyer quant à présent mes Lecteurs à la Dissertation de M. Menard à ce sujet, (2) quoique à cet égard je ne sois pas tout-à-fait de l'avis de ce Savant, je dois me borner ici à prouver que Fabius n'a eu aucune part à l'érection de cet Arc de Triomphe ; & que l'opinion qui le lui attribue est sans aucun fondement.

Il paroit que c'est *Vadianus*, Isaac *Pontanus* & *Peyresc*, qui les premiers ont proposé ce sentiment & que ceux qui l'ont adopté par la suite ne l'ont fait que sur parole & sans autre examen ; mais l'autorité de ces Savans, quelque respectable qu'elle soit, ne peut l'emporter sur le témoignage des Ecrivains antérieurs les plus dignes de confiance. Il est certain d'abord, que Bituitus fut vaincu deux fois par les troupes Romaines, ensuite que le premier de ces deux combats eut lieu sur les bords de la Sorgue, & le second un an après dans le voisinage de l'Isere & du Rhône, l'an de Rome 631 & 121

---

feu prit à la cheminée. Horace, se sert du mot *Culinam*, & je suis forcé d'avouer que *Culina* signifie cuisine en général, & non la cheminée en particulier.

Enfin, les Vers de Virgile, si connus & si souvent imités dans notre langue :

> Et jam summa procul villarum culmina fumans

Ce Vers que l'un de nos plus ~~anciens~~ Poëtes, (M. L. C. D. B.) à traduit de cette maniere.

> On voit fumer dans nos campagnes,
> Les toits rustiques du hameau

exprime d'une maniere aussi poétique qu'exacte l'effet de la fumée qui saillie des tuyaux de nos cheminées.

(1) Peiresc, Gassendi, Vadianus, in Pomp. Mesa. Isaac Pontanus & in Gall. Narbonn. pag. 42. Bouche, Hist. de Provence, Biblioth. Françoise ou Hist. Litt. de France, tom. 2. Guib. Dissert. sur les Antiq. d'Orange : Journal de Trévoux, Décemb. 1729 & Mercure de France, Décemb. 1722. Mandajors Hist. Critique des Gaules.

(2) Ménard, Dissert. sur l'Arc-d'Orange, insérée dans les Mémoires de l'Acad. des Inscrip. tom. 44. in-12. pag. 326 & suiv.

Voyez aussi la Dissert. de M. l'Abbé le Bœuf, sur le même Monument. Hist. de l'Acad. des Inscript. tom. 12. in-12. pag. 251 & suiv.

ans

ans avant Jesus-Christ, je crois avoir assez bien établi la vérité de ces faits, & je ne pense pas qu'il soit besoin d'y revenir ici. *Pline*, *Eutrope*, *Strabon*, *Florus*, &c. sont à cet égard mes garans, & il est impossible sans doute d'alléguer des autorités plus respectables. (a) Florus atteste, que les Généraux firent élever des Tours de pierre dans le lieu même où ils avoient vaincu, afin de perpétuer à jamais le souvenir de leur victoire. C'est donc dans le voisinage de l'Iiere, *propè Isaram*, dit Pline, *juxta Rhodanum*, dit Eutrope, *quo loco Isara & Rhodanus confluent..... ad confluentes Isaræ & Rhodani*, dit Strabon ; qu'il faut chercher le Monument élevé par Fabius, ajoutons, qu'il ne seroit pas vraisemblable que Fabius après avoir soumis les Allobroges eut placé hors de leur pays, à plus de quinze lieues du théatre de sa victoire le Monument destiné a en consacrer le souvenir.

Enfin, sans parler de l'explication que l'on peut raisonnablement donner aux figures & reliefs dont l'*Arc-d'Orange* est orné, lesquels ne sauroient convenir à la défaite des *Allobroges* ; il faut avouer que cet Arc Triomphal est un Monument trop parfait, pour que son érection puisse être rapportée au tems des victoires de Fabius & de Domitius. L'Architecture & plus encore la Sculpture, étoient alors chez les Romains, (ainsi que je l'ai dit plus haut, d'après le Comte de Cailus,) si éloignées de la perfection qu'elles atteignirent par la suite ; & qu'on ne peut s'empêcher de reconnoître dans l'Arc-d'Orange, (b) qu'il n'est pas possible de penser que ce Monument soit d'un tems aussi reculé & qu'il faut nécessairement en rapporter la fondation à celui où les Romains perfectionnés par le commerce des Grecs, parvinrent enfin à enfanter des chefs-d'œuvres dignes de leurs Maîtres.

(a) C'est donc à tort que les Auteurs de la *Description générale & particuliere* ou *Voyage pittoresque de la France*, placent sur les bords de la Sorgue la derniere défaite de Bituitus. Les mêmes Auteurs dans un autre endroit disent en parlant de l'*Arc Triomphal d'Orange*, que Ménard a prouvé que c'étoit le Trophée élevé par *Fabius* & par *Domitius*. La vérité est que Ménard a prouvé tout le contraire, & qu'il n'a jamais été du sentiment qu'on lui prête.

(b) Ménard, dans sa Dissertation Critique sur l'Arc-d'Orange, déja citée, combat par la même raison l'opinion de ceux qui veulent que ce Monument ait été érigé à cause de la défaite des Cimbres, par Marius. Il cite Spon, dans son Voyage d'Italie, lequel ne fait pas difficulté de dire, qu'il n'y a point à Rome de Monument aussi grand & aussi superbe que celui-ci.